もくじ

あなたがワクワクする部屋で 毎日をハッピーに！

　みなさん初めまして。双子のりんかとあんなの母のmatsukoです。この本を手にとってくれて、うれしいです。どうもありがとうございます。

　子どものころのわたしは、「どんなインテリアにしようかな？」と毎日のように考えて過ごしていました。部屋を白いカベに変えたくて、大きな白い紙を自分ではったこともありますよ！

　自分の部屋を自分の好きなインテリアにするのって、考えるだけでもワクワクしますよね。この本では、あなたの部屋を今よりもっとステキにするためのアレンジ方法を、たくさんしょうかいしていきます。

　自分だけの部屋がなくても、いつも過ごす場所が「楽しい♪」「うれしい！」と感じるようなインテリアになると、毎日がさらに楽しくなりますよ。

　ぜひ、あなたが「心地よい」と思える部屋を作ってみてくださいね！

あこがれ♡ 部屋カタログ

4つのテイスト別に部屋をしょうかいしていくよ♪ まずは、自分の好きなテイストをしんだんすることから始めてみてね♡ しんだん結果をベースにして、イメージをふくらませよう！ 自分好みのステキな部屋を作ろうね☆

■あなたが好きなのはどれ？■
ルームテイストしんだん

どんな部屋にしたいのか、イメージがあまりわかない子は、ルームテイストしんだんで、自分にピッタリな部屋を見つけてみよう☆

しんだん方法

Q1からスタートして、選んだ答えのコマに進んでいってね♪ あまり悩まず、直感で選んでいくのがコツだよ☆

START

Q1 水玉のネクタイが2つあるよ。1つ選ぶとしたらどっちにする？

黄色に白い水玉のネクタイ
▶ **Q3へ**

グレーに白い水玉のネクタイ
▶ **Q2へ**

Q2 チューリップをかざるよ！何色がいい？

真っ赤 ▶ **Q5へ**

真っ白 ▶ **Q6へ**

Q3 白いパレットに絵の具を出すよ。どっちがいい？

赤い絵の具 ▶ **Q7へ**

緑の絵の具 ▶ **Q4へ**

Q4 かわいいクマのぬいぐるみを発見！ どっちを買う？

茶色のクマ ▶ **Q8へ**

白いクマ ▶ **Q11へ**

Q5 チェックの布で手作り小物に挑戦！ どっちを使う？

赤のチェック ▶ **Q11へ**

黄色のチェック ▶ **Q12へ**

Q6 紅茶を飲もう。どっちのカップで飲む？

ラベンダー色のラインが入った白いカップ ▶ **Q9へ**

青のラインが入った白いカップ ▶ **Q13へ**

Q7 天気予報は雨。どっちのカサを持って行く？

ピンク ▶ **Q10へ**

青 ▶ **Q8へ**

Q8 ハチマキをつけるならどっちがいい？

白いハチマキ ▶ **Cへ**

赤いハチマキ ▶ **Bへ**

Q9 ライトを部屋にかざるよ。どっちにする？

オレンジの星 ▶ **Q12へ**
黄色の月 ▶ **Dへ**

Q10 どっちのスイカが好き？

黄色のスイカ ▶ **Bへ**
赤いスイカ ▶ **Cへ**

Q11 ネコのイラストが入った服があるよ。どっちを着たい？

茶色に黒ネコの服 ▶ **Cへ**
茶色に白ネコの服 ▶ **Aへ**

Q12 2段重ねのアイスクリームを食べよう！どっちにする？

バニラとチョコミント ▶ **Cへ**
バニラとストロベリー ▶ **Aへ**

Q13 料理をするよ。どっちのエプロンを着ける？

赤と青のストライプ ▶ **Aへ**
黄色と青のストライプ ▶ **Dへ**

RED & BLUE
YELLOW & BLUE

CHECK しんだん結果

A のあなたに おすすめなのは…
ナチュラル

みんなにやさしくて、おだやかな性格の子だよ♪ そんなあなたにピッタリなのは、ナチュラルテイスト！ 自分だけのくつろぎ空間を作っちゃおう☆

P16 ～をチェックしてね

B のあなたに おすすめなのは…
ポップ

明るくて元気な性格だね☆ カラフルなアイテムや、自分の好きな物を置いて、ポップな部屋にしてみるのがおすすめ！ ハッピーな部屋を目指そう♡

P20 ～をチェックしてね

C のあなたに おすすめなのは…
クール

落ち着いていて大人っぽい性格のあなたは、クールテイストの部屋にしてみて！ スタイリッシュな印象で、だれもがあこがれるおしゃれ部屋に☆

P24 ～をチェックしてね

D のあなたに おすすめなのは…
スイート

素直でじゅんすいな性格の子♡ キュートでかわいいスイートなテイストがピッタリだね♪ ラブリーな部屋にすれば、幸せな気持ちになれるはず！

P25 ～をチェックしてね

※しんだん結果にとらわれず、好きなものを選んでも OK ！

ナチュラル

木製の家具や植物など
を取り入れることで、
シンプルさの中に自然
の温かみを感じられる
部屋になるよ！　天然
素材のアイテムでまと
めると◎。

心が温かくなっ
て、リラックス
くきそうったね♪

STUDY 勉強する場所

黄色いアイテムがポイント

木製の机がナチュラル感を演出しているね♪　差し色に黄色のアイテムを
使うことで、パッと明るくなるの♡　落ち着いた印象の中に、少しはなや
かさが出て、おしゃれな部屋になるんだよ☆

SLEEP ねる場所

スッキリした印象の中に自然素材を

白がベースになっているからスッキリとしたインテリアになっているね♡　ベッドの上に、あさやコットンのブランケットをかけることで、温かみをプラス♪　落ち着いた色味でまとめることで、統一感のある場所に！

PLAY 遊ぶ場所

北おうスタイルを取り入れる

ナチュラルテイストは温かみのある北おうスタイルとの相性がバツグン☆　大きい緑のラグに、青やオレンジの小物を配置すると北おうっぽい部屋に大変身できるよ♡　ガーランドや小さいテントを置くと、グッと北おう感がアップ♪

17

ナチュラルティストを作るコツ

自然になじみそうな白やベージュといったあわい色味をベースにしてみてね！
がらやモチーフがシンプルなデザインを選ぶのがポイントだよ☆

ポイントになるカラー

全体を白やベージュでまとめたら、
クッションや小物類に差し色として使ってみよう！

イエロー
部屋が一気に明るくなるよ！ ハデすぎずにかわいい印象になるからやってみてね♡

レッド
赤をポイントカラーで使うときは、他の色は使わないこと！ おしゃれな印象になるよ☆

ブルーグレー
青と灰色が混ざった、くすみのあるおしゃれな青♡ ナチュラルに合わせやすいの♪

イメージ

- 落ち着く
- ぬくもりがある
- 自然な明るさ
- 木製
- 素材を生かす
- 植物
- シンプルなかざり

がら

レンガ

カベの一部分にレンガがらのリメイクシートをはるとおしゃれなフンイキに早変わり☆

ギンガムチェック

落ち着いた印象のチェックがら！ クッションや、まくらカバーなどに取り入れてみて♡

植物

葉っぱのがらは、部屋をやさしいフンイキにしてくれるよ♪ ナチュラル感が一番出るね！

ボーダー

さわやかな印象にしてくれるよ！ はばがいろいろあるから、自分の好きな物を取り入れてみよう☆

わたしの家は赤をポイントになるカラーとして使っているよ♪

ナチュラルに
合うのはコレ！

テイスト別 4 アイテム

時計

木製の時計

文字ばんが木目になっているから、おしゃれ
感がグッとアップするね☆

植物

アイビー

葉っぱの形がハート型になっていてかわいい！
キュートさをプラスしてくれるよ♡

雑貨

木製の写真立て

ナチュラルテイストになじむよ♪　花や植物
など、自然の写真やイラストをかざってね♡

収納BOX

カゴ

編み目があたたかみのあるフンイキを演出し
てくれるよ☆　ゆかに置いておくのも◎。

ポップ

ビビッドなカラーをたくさん散りばめて、好きな物をつめこもう！ カラフルなインテリアや、カベかざりで、元気が出るハッピーな部屋にしちゃおう☆

楽しくてテンションが上がる部屋になるね♡

STUDY 勉強する場所

カラフルなアイテムを散りばめる

あざやかな緑のカベ紙が印象的だね！ ピンク、オレンジ、黄色の小物がたくさんあって、楽しいフンイキになっているよ☆ 明るい色の中にこい緑を入れることで、カラフルだけどまとまりのあるポップな部屋が完成するの♪

SLEEP ねる場所

ハデなカバーで 楽しいフンイキに

がら物のふとんカバーや、カラフルなカーテンとガーランドが目を引く部屋になっているんだよ☆ 面積の大きいふとんカバーに、黒が入ることによって、全体を引きしめてくれる効果があるから、ごちゃごちゃした印象にならないの♡

PLAY 遊ぶ場所

明るいピンクで かわいさを

明るい色が多くて、ハッピーな部屋になっているね♪ カベやイスにショッキングピンクを取り入れているから、キュートでポップなフンイキになっているんだよ！ 水玉のはちカバーが、ワンランク上のおしゃれ感を演出しているね☆

ポップテイストを作るコツ

好きな色をたくさん使って、お気に入りの部屋にしてみよう☆
いろんながらを組み合わせてみても楽しいよ♪

ポイントになるカラー

がらをたくさん使ったり色を足したりしたいときに
おすすめの色だよ♡

オレンジ

ポップテイストにかかせないカラーだよ☆ アイテムを1つオレンジにするだけでも◎。

ショッキングピンク

あざやかな色のこいピンク♡ キュートさもほしい！っていうときに使うのがおすすめ☆

ブラック

にぎやかすぎる部屋になったときに大活躍！ まとまった印象にしてくれるんだよ♪

イメージ

- カラフル
- あざやか
- 活気がある
- オリジナリティ
- ファンシー
- キャラクターもの
- プラスチック

がら

水玉

丸が大きめだと、よりポップさが出て、楽しいフンイキに♪ 好きな色を取り入れてみてね☆

星

元気でキラキラした印象になるよ！ 折り紙を星型に切ってカベにはってみるのもおすすめ♪

マルチボーダー

いろんな色や太さが混ざったボーダーのこと☆ クッションや小物に取り入れて楽しい印象に♡

食べ物

アイスクリームやドーナツなど、好きな食べ物を取り入れちゃおう♪ カラフルなものだと◎。

好きながらを取り入れるのもよさそう！ ハデさを極めよう☆

時計

カラフルな時計

見ているだけで楽しいデザインだね♡　部屋
のアクセントにピッタリなアイテムだよ♪

植物

多肉植物

ぷっくりとした葉がかわいい！　気に入った種
類の物を同じはちにいくつか植えてみて♪

雑貨

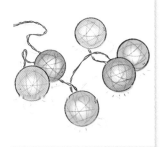

コットンボールライト

カラフルなライトはポップテイストに合うよ☆
おしゃれな空間を演出してくれるね！

収納BOX

カラーボックス

机に置いて使う収納ボックスだよ！　プラス
チックでおもちゃっぽいデザインがステキ♡

クール

白黒や落ち着いた色で統一して、大人っぽいテイストの部屋を作ってみよう☆ スチール製のインテリアや、シンプルでかっこいいロゴを取り入れて！

スタイリッシュでおしゃれ感たっぷりだね★

STUDY 勉強する場所

大きいラグを使っておしゃれに

必要以上に物を置かないことで、大人っぽい印象になるよ！ モスグリーン色を大きいラグで取り入れることによって、親しみやすさを演出してくれるの☆ シンプルすぎない、おしゃれな部屋になっているね♪

SLEEP ねる場所

黒を取り入れてかっこよく!

ベッドフレームや、フォトフレーム、サイドテーブルを黒でそろえていて、かっこいいフンイキになっている部屋だね♪ ベッドカバーががら物でも、部屋全体を寒色系で統一しているから、洗練された印象をくずしていないんだよ☆

PLAY 遊ぶ場所

デニムのアイテムでクール感アップ

ブラウンのカベを生かして、カフェっぽいフンイキになっているよ! デニムの生地のクッションやロゴの入ったモノクロのクッションは、クールテイストを演出してくれるアイテムなの☆ おしゃれなフンイキがステキだね♡

クールテイストを作るコツ

モノトーンはクールテイストにピッタリ!
さらに寒色系を加えると、かっこいいフンイキになるよ♪

ポイントになるカラー

寒色系が◎。赤やオレンジといった暖色系は
使わないほうがうまくまとまるよ☆

イメージ

- モノトーン
- スマート
- シック
- 大人っぽい
- 洗練されている
- ロゴのアイテム
- スチール製

モスグリーン
暗めな緑を取り入れることで、落ち着いたフンイキに早変わりするからおすすめだよ♡

インディゴ
しぶくてかっこいいスタイルにピッタリな青! 洗練されたフンイキも作ってくれるの☆

ブラウン
ボーイッシュすぎないかっこよさを演出できるよ♪ カフェふうと相性バッチリだね!

がら

市松もよう

昔ながらのがらだよ! 「永遠」や「発展」を意味していて、縁起のいいものなんだよ☆

迷さい

かっこいい印象をあたえてくれるの♪ 布小物で使えば、よりスタイリッシュな印象に!

千鳥格子

チェックがらの一種だよ♡ ワンランク上のおしゃれを目指せるはず♪

ペイズリー

まが玉のようなモチーフがらは、インパクトが強くて、大人っぽいフンイキになるよ☆

寒色系でまとめるのがポイントなんだね☆

テイスト別 4 アイテム

時計

モノトーンの時計

スタイリッシュな時計だね♪　シンプルだけど
おしゃれなフンイキがただよっているよ☆

植物

サンセベリア

葉っぱの先がとがっていて、かっこいいフン
イキに合うんだよ♡　植木ばちの黒も◎。

雑貨

文字ブロック

空いているスペースに置くだけで、様になる
アイテム！　カンタンだからやってみて☆

収納BOX

本型ボックス

大事な物を入れて、本だなにしまってみて！
誰にも気づかれずに保管できるはず♪

スイート

あわいパステルカラーや、フリルのついたアイテムをふんだんに使ってかわいい部屋を作ってみてね♡ ガーリーでときめく、ステキ空間にしよう♪

かわいいがつめこまれた部屋だね♡

STUDY 勉強する場所

ライトブルーであまずぎない部屋に

ピンクと白のベースの中に、ライトブルーが入っているのがポイント！ あまいだけじゃなくて、スッキリしたフンイキにしちゃおう☆ さわやかさがプラスされることで上品な印象にアップデートできるんだよ♡

SLEEP ねる場所

ゴールドでリッチなフンイキを

天がいをつるすことで、ロマンティックなベッドルームに大変身♪ベッドフレームや鏡にゴールドを取り入れることで、ゴージャス感が増すよ！ステキな香りのするディフューザーを置けばカンペキ☆お姫様気分を味わえる部屋に♡

PLAY 遊ぶ場所

ガーリーな素材で印象チェンジ

ピンクは座いすだけなのに、かわいい印象の部屋だね！ピンクでキュートさを演出するんじゃなくて、フリルや、花がら、リボンなどでラブリー感を出しているんだよ♡むらさきのラグで大人っぽいフンイキになっているね♪

スイートティストを作るコツ

白とピンクをベースにすることがスイートテイストのポイント♡
レースなどのふわふわな素材も使ってガーリーにしちゃおう♪

ポイントになるカラー

あわい色でまとめつつ、ポイントとして下のカラーを
入れるとおしゃれな印象に☆

ライトブルー

上品なフンイキを出したいときにおすすめだよ☆ スッキリとした印象にしてくれるの！

ゴールド

ハデになりすぎないように、取り入れてね！ ゴージャス感をアップできるよ♪

パープル

落ち着いた印象になるの！ キュートだけどあますぎない部屋にしたいときにピッタリ♡

イメージ

- パステル
- キュート
- ガーリー
- ロマンティック
- かわいいアイテム
- レース素材
- フリル

がら

ハート

スイートながらといえば、ハートだよね♡ かわいいの定番だから、ぜひ取り入れてみよう♪

花

大きい花だと、ロマンティックな印象に。小さい花だと、かわいらしい印象になるよ☆

リボン

リボンの色によって、ラブリーにもカジュアルにもなるよ！ 好きな物を見つけてみよう♪

フルーツ

好きなフルーツをクッションカバーなどに取り入れよう♡ サクランボやイチゴがおすすめ！

あわい色を意識して取り入れると、ときめく部屋になりそう♡

スイートに
合うのはコレ！

テイスト別 **4** アイテム

時計

アンティークふうの時計

まわりのかざりがアンティークふうになっているよ！　ロマンティックなムードに♡

植物

カスミソウ

かれんなカスミソウはかわいい部屋にピッタリだよ☆　白いとう器の花びんもGOOD！

雑貨

ハートのクッション

フリルがついているのがポイント♪　ラブリーなフンイキを出してくれるんだよ♡

収納BOX

リボンつきボックス

水色とストライプだからスッキリした印象♡　ラブリーすぎないから使いやすいよ！

お気に入りのインテリアを
見つけましょう♪

　好きな物に囲まれて過ごすと、気分が良くなるし、心が落ち着きますよね。わたしの家は部屋のどこかに必ずみんなが好きな赤いアイテムを使っているんです。りんかとあんなは最近、青も気になっている様子。

　下の写真は遊ぶ部屋です。りんかとあんながマンガを読んだり、工作をしたりして過ごしています。冬になると出すこたつが、みんなのお気に入りです。

　ふわふわのこたつ毛布の他にも、肌ざわりの良いラグと、大きなビーズクッションを置くことで、オフになれる環境にすることができました。2人とも、リラックスタイムを存分に楽しめているようですよ。

Part 2

おしゃれに もようがえ 3ステップ

部屋をおしゃれにするための
アイデアやコツを、3つのス
テップでしょうかい♡　置く
だけでフンイキを作れるアイ
テムやテイストに合わせたか
ざり方、部屋の印象を大きく
変える方法がわかるよ☆　イ
メージに合わせて、楽しくも
ようがえしちゃおう！

置くだけでおしゃれ！

部屋に置くだけでステキなフンイキになる
アイテムをテイスト別にしょうかいするよ！
おしゃれルームへの第一歩をふみ出しちゃおう☆

ナチュラル

あたたかみがあるカラーや、木や植物など自然の要素を取り入れた
アイテムで、ナチュラルテイストの部屋に一気に近づこう！

アイデア 1　植物を置いてみよう

観葉植物

ドライフラワー

1つかざるだけで、部屋が明るくさわやかなフンイキに早変わり！　あざやかなグリーンには、人をいやしてくれる効果があるんだよ♪　目に入る場所に置いてリラックスしよう。

部屋にシックな印象と、かわいさをプラスしてくれるアイテムだよ。日々の中で、少しずつ色あせていくのもミリョクの1つ！　しっ気と直射日光に注意して、長く楽しもう♪

アイデア 2 バスケットを収納に

木のカゴや、ラタンふうのバスケットは、部屋になじんで落ち着いたフンイキにしてくれるんだよ♪　洋服やぬいぐるみなど、いろいろな物を入れるのにぴったりなアイテム☆　しっかり編みこまれていてじょうぶだから、長く使えて安心だね！

アイデア 3 天然素材の布をかける

あさやコットンでできた布は、やわらかい色合いと、ほどよく光を通す「すけ感」が特ちょう的。しっ気を吸ってくれるだけじゃなくて保温性もあるから、季節を問わずにかざれるすぐれ物！　机やベッド、たなにかければ、心地よいフンイキに♡

ポップ

あざやかでにぎやかな色をふんだんに使った、楽しいフンイキの
ポップテイスト。印象的なアイテムをバランスよく取り入れて、
ワクワクするムードを演出してみよう☆

アイデア
1
カラフルにいろどるアイテム

アートポスター

たくさんの明るい色が使われたポス
ターをカベにはれば、部屋のアクセ
ントになるよ！ フレームに入れて
かざると、あかぬけたフンイキに
なっておしゃれ度アップ☆

ガーランド

カラフルでにぎやかな布や紙をつな
げたガーランドは、カベや天井につ
るすだけで部屋を明るく、ポップな
印象にしてくれるよ☆ P64、65の
手作りレシピもチェックしてね♪

豆皿をかざろう

個性的なもようがかわいい豆皿は、見るだけでも楽しいアイテム♪　1枚でも、何枚かかざってもおしゃれだね。コレクションのように、たなにキレイに並べたり、アクセサリーや文ぼう具、カギなど、小さな物を置く場所として使ったりしても◎。

キャンディポットをインテリアに

レトロでアメリカンポップなフンイキを作るのにぴったりなアイテムだよ☆　おかしを入れるのもいいけど、お気に入りのマスコットや小さなおもちゃを入れるのもおすすめ！　好きな物を入れて、かわいくディスプレイしちゃおう♪

クール

クールスタイルの部屋作りには、シンプルでさっぱりした印象の
アイテムや、大人っぽいフンイキのアイテムを取り入れるのがポイント。
モノトーンカラーも効果的に使おう！

アイデア 1 黒を取り入れて

フェイクレザー

大人っぽくかっこいい部屋を目指す
なら、黒のフェイクレザーがおすす
めだよ☆　ティッシュケースなどの
日用品にワンポイントとして取り入
れれば、シックなフンイキに！

ロゴ入りゴミ箱

生活感があるゴミ箱も、せっかくな
らあかぬけたデザインの物に！　ロ
ゴが入ったモノトーンのゴミ箱なら、
スタイリッシュな印象で部屋のお
しゃれ度をアップさせてくれるよ☆

アイデア 2 ミニ黒板でおしゃれに

小さな黒板も立派なインテリアになるの♪ 文字や絵をかいて、カフェのようにカベに立てかけたり、つるしたりしてみれば、カジュアルでおしゃれな部屋に早変わり！ 自分の名前をかいて、ドアプレートにしてもステキだよ♡

アイデア 3 ワイヤーのマガジンラックを使う

ワイヤーのマガジンラックは実用性にすぐれた、シンプルでスッキリしているアイテムだよ！ かっこいいフンイキの部屋にも、もちろんピッタリなんだ♪ 読んでいる雑誌や本を置くだけでおしゃれになるからカンタンにできるね☆

スイート

ラブリーでガーリーなスイートスタイル。
パステルカラーやかわいい小物、エレガントなアイテムなどを
美しくかざってキュートな部屋を作っちゃおう♡

アイデア
1

ふわふわアイテムは定番

ふわふわの
クッション

肌ざわりの良いクッションは人気の
アイテム。ハートや星など、いろい
ろなかわいい形があるよ♪　パステ
ルカラーを選べば、かわいいフンイ
キに。

ぬいぐるみ

ふわふわでキュートなぬいぐるみは、
まさに置くだけでスイートなフンイ
キを作ってくれるグッズだよ。かわ
いらしいだけでなく、心地よい空間
にしてくれるのがミリョク的♡

アイデア 2　レースは万能アイテム

ひらひらのレースは、そのままでもおしゃれなフンイキを演出してくれるすぐれ物。大きなサイズならテーブルクロス、小さなサイズは小物入れの下にしいてもかわいい♡　フレームに入れてかざるのもおすすめだよ！

アイデア 3　トルソーでエレガントに

ミニチュアのトルソーを小物として置いてみよう！　キュートなフンイキがありながら、エレガントな印象もあたえてくれるアイテムなの♡　リボンを巻いたり人形の洋服を着せたり、自分の好きにかざりつけて、部屋にかざるとかわいいね♪

かざり方をひと工夫♡

スタイルに合う物を選ぶのも大事だけど、かざり方にも注目してみよう！　工夫しだいで、同じアイテムの印象をがらりと変えることができるんだよ♪

本・雑誌

ナチュラル
木のカゴに入れる

木のカゴはマガジンラックの代わりとしても使えるアイテム。本や雑誌はごちゃっと入れずに、しっかり立てるとキレイだよ。片づけやすくておしゃれなフンイキが出るね♪

ポップ　クール
ブックスタンドを使う

アニマルモチーフなど、おしゃれで個性的な形のブックスタンドではさめば、本もステキなインテリアの一部に。本はただ置くだけじゃなくて、並べ方にもこだわってみよう！

ポップ
カバーの色でグラデーションを作る

色画用紙でブックカバーをつけよう！本だなに並べたときに、キレイなグラデーションになるよう配置すればシンプルだけど、にぎやかで楽しいフンイキがプラスできるよ☆

ぬいぐるみ

ナチュラル
布ハンモックに乗せる

ナチュラルカラーの布をハンモックみたいにしたら、ベッドのさくや、カベに取りつけて、ぬいぐるみをたくさん乗せてね☆　ハデすぎなくてかわいくかざれるよ♡

スイート
袋に入れてつるす

小さなぬいぐるみは、袋に入れてカベにつるしちゃおう。袋からこちらをのぞきこんでいるみたいでかわいいね♡　ぬいぐるみをいくつか入れるのもおすすめ。

ポップ
たなにギュッとつめてかざる

ぬいぐるみをたくさん持っているなら、たなの一角に集めて並べるのも1つの手だよ！　インパクトがあって、パッと目を引くコーナーができるからテンション上がるね♪

観葉植物

ナチュラル
窓際に並べる

小さくてかわいらしい観葉植物は、日光の当たる窓際に並べてみよう！メリハリが出て、部屋をさわやかなフンイキにしてくれるよ。いきいきと元気な印象もプラス☆

ポップ　スイート
植木ばちにカバーをつける

植木ばちカバーをつけると、おしゃれなフンイキに変身できるんだよ♡布やブリキなど、種類はたくさん！気軽につけかえられるから、自分好みの物を見つけてみてね☆

ナチュラル　クール
プランターをつるす

葉がたれるタイプの観葉植物を、天井やカベにつるしてみよう。場所を取らずに、観葉植物をおしゃれにかざれるの♪　世話の手間が少ないエアプランツをつるすのもおすすめ。

ポストカード

★ナチュラル
フレームに入れる

好きな写真フレームにポストカード
を入れれば、部屋のアクセントに。
いろいろな形のフレームを用意して、
バランスを見ながら並べてかざるの
も、やりがいがあるおしゃれテク♪

★ポップ ★スイート
マスキングテープ
で囲む

かわいいマスキングテープでポスト
カードを囲むようにカベにはりつけ
れば、カラフルなフレームみたいで
ステキだね♡ 大きなポスターがは
れないときにも使えるアイデア！

★ポップ
ひもとクリップでつるす

ひもとクリップを使って、
お気に入りのポストカード
をかざってみよう！ キレ
イな空や風景のポストカー
ドを並べれば、ちょっとし
たお出かけ気分が楽しめ
ちゃうからおすすめ♪

文ぼう具

ポップ スイート
ドリンクカップをペン立てに

おしゃれなデザインのドリンクカップを、ペン立てとして再利用してみよう☆ お気に入りのペンやマーカー、文ぼう具を入れれば、見ているだけで楽しい♡

ポップ
カラフルなクリップを
小びんにまとめて

カラフルなクリップは、ジャムの小びんにまとめて入れちゃおう！ こまごまとしたクリップがかわいらしいインテリアに。机の上に置いておけばすぐに使えて便利だよ♪

ポップ スイート
マスキングテープは
つっぱり棒に

かわいくてたくさん集めたくなるマスキングテープ。つっぱり棒にまとめて、たなにかざればポップでキュートなインテリアに変身☆ そのまま使えるので実用性もバッチリ！

衣類

★ クール
ショップみたいに ハンガーラックへ

季節ごとのアイテムをハンガーラックにかけると、洋服屋さんみたいになって、おしゃれ度がアップ♪ 服同士の間かくを空けると見栄え良くできるから、ぜひやってみよう♡

クール スイート
カベに取りつけた フックにかける

カベにフックを取りつけてお気に入りのバッグをディスプレイしちゃおう！ フックははるタイプもあるから、カベをキズつけたくない場合でも使えるアイデアだよ♪

ポップ スイート
好きなコーデをディスプレイ

とっておきの服や明日着る服をコーディネートしたら、ハンガーにかけてかざっちゃおう☆ プロがスタイリングした洋服みたいで、何だかワクワク♪ 気分でコーデを変えて楽しんで！

コスメ

クール
クリアケースで見せる

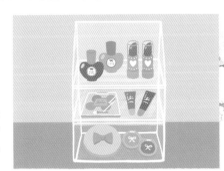

クリアケースを使ってコスメをキレイに収納しちゃおう！　はなやかさをプラスしてくれるインテリアになるよ☆　100円ショップでも手に入るから、おすすめのアイテム！

クール
ワイヤーネットとカゴで
せん用コーナーを

カベにかけたワイヤーネットにカゴを取りつければ、カンタンにおしゃれなコスメせん用コーナーを作れるよ。かざりたい物の大きさに合うカゴを選べば、見映えも機能性もバッチリ！

スイート
ケーキスタンドに
ディスプレイ

よく使うマニキュアやリップをケーキスタンドに乗せて、スイーツみたいにかざっちゃおう♡　かわいくかざれるから目に入るたびにときめいちゃいそう♪

アクセサリー

クール スイート
アクセサリースタンドにかざる

アクセサリースタンドに、ネックレスやイヤリングをつるしてみて！キレイにかざれば、まるで売り物みたい♡ おしゃれな形のスタンドなら、よりステキなインテリアに。

ナチュラル
トレーに置く

木製のトレーによく使うアクセサリーをディスプレイすると、ときめくインテリアに大変身☆ ただし置きすぎると、ごちゃついた印象になるから気をつけてね！

ポップ スイート
おかしの空きカンを宝箱に

おかしのカンにお気に入りのアクセサリーを入れよう。フタを開けてかざるととってもおしゃれでキュート♡ リメイクで本格的なジュエリーボックスが作れるレシピ（P71）もチェック♪

部屋全体のフンイキを大きくチェンジ☆

もようがえしたくても
「何から始めればいいかわからない！」って子もいるよね。
STEP3では、部屋全体を変えるコツを教えちゃうよ☆

もようがえのポイント

ポイント 1 「計画」がカギ！

計画の手順

1 理想のイメージをかいてみる
どんな部屋にしたいか、どこに何を置きたいか、具体的なイメージを紙にかき出してみよう！

2 いる物といらない物を分ける
理想の部屋に必要な物を仕分けよう。いらない物はしまうか、思い切って手放して。

3 物を動かす
準備ができたら、さっそく計画どおりに実行を！　部屋のおくからもようがえを進めてね。

スムーズなもようがえには、計画を立てるのが大切なんだね！

何から始めればいいかわからないときは、参考にしてみよう♪

大きい物から動かそう

だいたんにもようがえしたいなら、小さい物より先に、大きい家具を動かそう。家具の配置が先に終わっていれば効率的にもようがえできるはず。重い家具は段ボールや市販のスライダーを下にしれば、ゆかをキズつけずに移動可能！

主役にしたいインテリアはどれ？

部屋に入ったとき一番目を引く「主役」を作ることを意識してみよう☆ メリハリが出てワンランク上のミリョク的な部屋にできるよ！ 注目してほしい物を目立たせるなら、まわりをシンプルに押さえるなど、工夫してみてね♪

もようがえのアイデア

**ポイントはわかったかな？
早速もようがえできるように、
部屋のフンイキを一気に変えるアイデアを大公開♪**

家具のレイアウトを変える

BEFORE

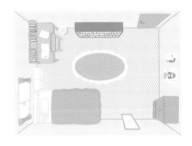

今の部屋はどんな状態なのかを知っておこう。「タンスをもっと使いやすい位置に置きたい」など、変えたいポイントを1つ見つければ、それを中心にレイアウトを考えていけるはず！

AFTER

向きを変えるだけでも、部屋のフンイキはガラッと変わるの。計画を立てたら、それにそってレイアウトを変えよう。仕上げに小物を配置すれば、もようがえ完了！

たなの色やがらを変える

ナチュラル

ウッドふうのリメイクシートをはれば木製（もくせい）の家具（かぐ）みたいになるよ。

ポップ

カラフルな水玉（みずたま）のリメイクシートをはって内側（うちがわ）もかわいくにぎやかに！

クール

ひんやりとしたフンイキの大理石風（だいりせきふう）のシートでだいたんにリメイク！

スイート

はなやかな花（はな）がらは、キュートかつエレガントな印象（いんしょう）になるよ♪

カーテンにタッセルを

ナチュラル

葉（は）っぱ型（がた）タッセルクリップは、シンプルすぎずおしゃれでおすすめ♪

ポップ

星（ほし）のかざりがついたワイヤータッセルでカーテンの印象（いんしょう）もにぎやかに。

クール

キラキラのクリスタルでスタイリッシュさとゴージャス感（かん）を演出（えんしゅつ）☆

スイート

大（おお）きなリボンをタッセルにすると、ガーリーでとってもキュート♡

ラグやジョイントマットをゆかに

ナチュラル

おだやかな色使い
のラグをしけば、
よりまったりとし
たフンイキに。

ポップ

ジョイントマット
を組み合わせて虹
のようにカラフル
にしちゃおう☆

クール

チェス板のような
かっこいい市松も
ようを、ジョイン
トマットで再現！

スイート

さわり心地のよい
丸いラグを置いて、
リッチなお姫さま
気分に♡

天井をアレンジ

ナチュラル

うすくて白い布を
ゆったり取りつけ
ると、すずしげな
リゾートみたい♪

ポップ

暗やみで光る蓄光
ステッカーで夜の部
屋をプラネタリウ
ムにしよう☆

クール

ヴィンテージ感が
あるデニムのリメ
イクシートで、あ
かぬけた印象に！

スイート

フラワーポンポン
をたくさんかざる
と、花がうかんで
いるみたいだね♡

カベをいろどる

ナチュラル

白い木目のシートをカベの半分にはれば、カントリーなフンイキに♡

大きな木のウォールステッカーで印象的な部屋にしよう！

星の形に折った折り紙を散りばめれば、カベが明るくにぎやかに☆

ポップ

マスキングテープでカベをカラフルなストライプがらにできちゃう♪

クール

コンクリート風のシートを使って、かっこいい部屋にチェンジ☆

レンガシールを部分的にはれば、カジュアルなカフェみたいになるよ。

スイートな部屋には定番の花がらで、ロマンティックさをプラス！

スイート

ネコのウォールステッカーをはって、キュートなカベにしちゃおう♪

ぬいぐるみの
かざり方をひと工夫

　かわいくてつい買ってしまうぬいぐるみ。りんかと
あんなもぬいぐるみをたくさん持っています。2人の
遊ぶ部屋には、たくさんのぬいぐるみを、インテリア
としてかざっていますよ。

　ぬいぐるみを家のあちこちに置いてしまうと、どう
してもごちゃごちゃした印象になってしまいます。よ
ごれてしまったり、ほこりがついてしまったりする可
能性もありますね。

　あまり数が多くないなら、間かくを空けて、お店み
たいにディスプレイするのもおすすめですよ。

　ちょっとした工夫でおしゃれにできるので、楽しみ
ながらかざってくださいね。

Part 3

個性が引き立つ！

手作り インテリア

せっかくなら、理想のインテリアを自分で手作りしてみない？ 身近な物や100円ショップで手に入るグッズで、カンタンに作れるよ！ Part 1でしょうかいした4つのスタイルに合うインテリアだから、ぜひ作ってみてね☆ 自分なりにアレンジしても◎。

基本をチェック!
手作りのルール

ルールを守って楽しもう!

ルール 1
するどい道具は気をつけて使おう

カッターやはさみなど、するどい道具の取りあつかいは、特に注意! 使ったあとに放置すると、自分だけじゃなくて他人もケガしちゃう可能性があるから必ず片づけよう!

ルール 2
説明書をよく読むこと!

材料によっては無理やり曲げると割れちゃう物や、液体なら混ぜると危険な物があるよ。材料に説明がかいてあればきちんと読んで、危ない使い方をしないよう注意してね!

ルール 3
作ったあとはきちんと片づけよう♪

作ったあとは道具やゴミを片づけてね。散らかしたままはNGだよ! 特に、ゴミはほったらかしにしないこと。分別の方法がわからなければ、家族に聞いてみよう☆

手作りに使う道具

手作りするときに持っていると便利な道具をしょうかいするよ!

ハサミ

自分の手の大きさに合った物を使ってね☆ 布を切るときは布せん用のたちばさみが◎。わきをしめると、うでの動きが安定して切りやすいよ!

定規

キレイな線を引くためにはかかせない道具だよ♪ うまく押さえられなくて、真っすぐな線を引けない場合は、すべり止めつきの定規がおすすめ!

カッター

机をキズつけないように、カッターマットを使ってね。切るときは、刃の進行方向に手を置かないこと! 切れにくくなったら刃を折ると切れ味復活☆

ピンセット

指先の力だけで物をはさめるよ。小さなビーズや細い糸をつかむときなど、こまかい作業向き。力をあまり入れ過ぎないことがうまくあつかうコツだよ♪

瞬間接着ざい

材料に合った接着ざいを使おう！　しっかりとはりつけたいときは瞬間接着ざいが◎。はりたい物の表面がよごれていたら、キレイにしてからつけてね♡

ボンド

木材や布をはり合わせることが得意な接着ざい。容器の中心を軽く押せばボンドが出やすくなるから、うまく中身を出せないときは試してみよう！

テープ類

色々な使い方ができるテープ類。強い力で物をくっつけるガムテープ、仮止めにも使えるマスキングテープなど、場面で使い分けよう！

糸・ヒモ類

糸やヒモは、つるしたり、たらしたり手作りのアイテムを引き立てる役から、編んだり結んだり、それ自体も手作りアイテムにできる便利な道具だよ☆

ペン類

目印やキリトリ線をかくときに必要だよ！　あらかじめかいておいた点や線に合わせて切ったり折ったりすれば、ずれずに安心だね☆

難易度と時間の目安

・難易度 ★★★

作るときの難しさをレベル分けしたよ。★の数が多いほど難しい！

・時間の目安 ⏱ 約00分

作るのにかかる時間がわかるよ。ボンドや絵の具をかわかす時間は入ってないから注意してね。

カンタンな物からチャレンジするといいかも！

ベッドの近くに
かざれば
幸運が入ってくる♪

Handmade 1

良い夢が見られるおまじない

ドリーム
キャッチャー

Type ♥
ナチュラル

・難易度 ★★☆
・時間の目安 ⏱ 約30分

道具

・ペンチ
・テープ
・ハサミ

・瞬間接着ざい
・とじ針

材料

・ワイヤー……適量
・たこ糸……適量
・レース（円形）……1枚
・布のはぎれ……適量
・マクラメ糸（1m）……5本
・マクラメ糸（80cm）……2本
・毛糸（80cm×3束）
　……4セット
・フェザーモール（1m）
　……2本
・ガラスビーズ……適量

作り方

① 輪を作る

レースの大きさに合わせて、ワイヤーで輪を作ろう。セロハンテープで数ヵ所とめると、ワイヤーがばらけにくくなって形を作りやすいよ☆

② はぎれをさいて巻く

布のはぎれに2cm切りこみを入れて、70cmほどにさいてね。これを3本作ったら、①で作った輪に巻いていこう！巻き始めと巻き終わりは瞬間接着ざいでとめてね♪

③ 輪にレースを取りつける

たこ糸をとじ針に通して、輪にレースをくくりつけよう☆レースがピンとはるように調整しながら取りつけてね♡

④ 輪の下にかざりをつける

輪の下になる部分にマクラメ糸と毛糸をつけよう！フェザーモールは半分に切って、ウラ側からマクラメ糸と毛糸の間に接着ざいで取りつけてね♪全体のバランスを見つつ、切って長さを調整！

⑤ ビーズをつけよう

接着ざいを使って、レースにビーズをつければ、オリジナルのドリームキャッチャーのできあがり☆

ちょい足しテク！
願い事に合わせたインテリアにパワーアップ！

ドリームキャッチャーのデザインには、悪夢から守って幸運を呼ぶためのたくさんの意味がこめられているの！自分に合った効果がほしいなら、願い事に合う色の布を使うとGOOD。例えばリラックスしたいなら緑、パワーがほしいならオレンジ！

61

Type ● ナチュラル

おしゃれなびんづめ♡
フラワーボトル

・難易度 ★☆☆
・時間の目安 約10分

好きな花を
つめこんで♡

道具
・ハサミ
・テープか糸(細め)
・ピンセット

材料
・空きびん
(直径3cm×高さ8cm
くらい)……1コ

・ドライフラワー
……適量

作り方

1 ドライフラワーをカット

ドライフラワーを空き
びんに入るくらいのサ
イズにはさみで切って
ね♪ 枝がバラバラに
ならないよう気をつけ
て切ろう!

3 びんの中に入れる

花びらがこわれないよう
に、びんの中にそっと入
れたら完成♡ びんの口
がせまい場合は、ピン
セットを使うと上手に
入れることができるよ!

2 テープか糸でまとめる

切ったドライフラワー
を1つにまとめよう!
テープか糸をクキの部
分に巻きつけて固定す
ると、びんに入れたと
きにキレイにおさまる
よ♡

ちょい足しテク!
**はなやかさを
リボンでプラス**

「何か物足りないな〜」と
感じるなら、リボンをびん
に結んでみて! これだけ
で一気にはなやかさが増すよ♪ プレゼン
トするときにもぴったりだね☆

キュートにリメイク!
ペンスタンド

- 難易度 ★☆☆
- 時間の目安 ⏱ 約30分

道具 👇
・ハサミ

カンの大きさを
変えて小物入れ
にも☆

材料 🖊
- 空きカン（円柱）
……1コ
- はばの広いマスキングテープ（白）
……適量
- テープ（好きな色）
……適量
- ステッカー
……好きなだけ

✂ 作り方 ✂

① 下地のテープをはる

仕上がりをキレイにするために、白のテープを全体にはりつけよう。空きカンの印刷がすける場合は、二重にはるとGOOD☆

③ ステッカーでデコレーション

好きなシールやステッカーをはったらできあがり☆ 折り紙を好きな形に切ってはってもかわいいね♡

② 好きな色のテープをはる

下地のテープの上から、好きな色のテープをはってね♪ 重ねてはると、テープの色がキレイに出るよ！ 他の色と組み合わせても◎。

ちょい足しテク!
空きカンのふちまで色を変えたいときは……

❶ ふちから少しはみ出すようにテープをはる。
❷ はみ出した部分に、はさみで切りこみを入れて、少しずつ内側に折りこむ。
こうすれば、ふちまでキレイにはれるよ♪
やってみてね！

Type・ポップ

にぎやかなインテリアに！

カラフルフラッグガーランド

カベや天井、窓に
楽しいいろどりを☆

- 難易度 ★☆☆
- 時間の目安 ⏱ 約15分

道具

- ハサミ
- 定規
- ペン

材料

- 折り紙……9枚
- マスキングテープ ……適量
- ひも（ワックスコード など）……適量

1 折り紙に折り目をつける

折り紙を半分に折って、折り目をつけよう♪

2 キリトリ線を引く

15㎝

折り紙の角から折り目に向かってキリトリ線を引いてね！　写真のように引ければOK♪

3 線を引いた部分を切る

②でかいたキリトリ線に合わせて、折り紙を切っちゃおう☆

4 折り返し部分を作る

③で切った三角形の底辺を1㎝折り返してね。はみ出た部分は切って整えよう♡これを、つるす枚数だけ作ってね。

5 ひもにとめていく

折り返した部分にひもを入れて、マスキングテープでとめてね♪　色んながらで作ればにぎやかなガーランドになるよ☆

ちょい足しテク！
布やフェルトで作るのもGOOD

折り紙だけじゃなくて、フェルトや布など、別の材料でも応用できるよ☆　カラフルなマスキングテープでかざりつけてもおしゃれだね♡　自分なりのアレンジを楽しもう！

シックな印象を
プラスできて
実用性もバッチリ☆

Handmade 5

スタイリッシュにかざって★

2連
フレームボード

Type♥
クール

- 難易度 ★★★
- 時間の目安 ⏱ 約40分

道具 👇

- カッター
- ハサミ
- 工作マット
- ペンチ……2つ

材料

- フォトフレーム
  (2Lサイズ)……2コ
- コルクボード……1枚
- クラフトポスター
  ……1枚
- デザインテープ
  ……適量
- チェーン……適量
- マルカンネジ……4コ

❶ フレームサイズに 合わせて切る

フレームのサイズに合わせて、コルクボードとクラフトポスターを切ろう！ カッターは工作マットの上で使ってね。

❷ デザインテープを フレームにはる

好きなデザインテープをハサミで切って、フレームのふちにはってね☆ モノトーンだとかっこいい！

❸ チェーンを分解する

ペンチを使って、チェーンを好きな長さに分解しよう♪ カベにつるす用1本と、フレームをつなぐ用2本で、合わせて3本必要だよ！

❹ 丸カンネジをつける

丸カンネジをフレームの両はしに取りつけよう☆ 力を入れてねじこむので、位置がずれないように注意してね。

❺ チェーンと ネジをつなぐ

❸で用意したチェーンと❹で取りつけた丸カンネジをつないでね♡ フレームに❶で切ったコルクボードとポスターを入れたらできあがり♪

ちょい足しテク！

フレームのデザインしだいで いろいろなテイストに！

デザインテープの色やがらを変えるのもいいけど、かっこいいステッカーでデコレーションしたり、おしゃれなリメイクシートをはってアレンジしたりするのもいいね☆

Handmade 6

白と黒が部屋のアクセントに！

モノクロのれん

Type • クール

仕切りも
おしゃれに
キメて☆

- 難易度 ★★☆
- 時間の目安 約40分

道具

- メジャー
- ハサミ

材料

- 毛糸……4玉
- つっぱり棒
  (38～60cm)
  ……1本

作り方

1 毛糸を切って つっぱり棒に結びつける

毛糸を2mの長さに切ろう！
48本作ったら、つっぱり棒に結んでね♡

2 3つの束を編みこむ

棒に結んだ毛糸を3束に分けて、三つ編みしていこう♪

3 編んだら結ぶ

ほど良く編みこんだら、好きな位置で1つ結びしてね。
同じようにヨコはばに必要な数を作れば、のれんができちゃうよ☆

ちょい足しテク！
差し色を入れてもおしゃれ☆

白黒以外の毛糸を差し色として足してみよう♪ クールさは保ったまま、少し楽しい印象になるよ♡

とっても手軽でおしゃれに！
ファブリックハンガー

温かみのある
かわいい
アイテム♡

・難易度 ★☆☆
・時間の目安 ⏱ 約30分

🖐 道具 ─────
・ボンド
・たちばさみ

材料 📏
・針金ハンガー……1本
・布（110cmはばで好きな
　色やがら）……1枚
・リボン……適量

作り方

① 布をさく

用意した布に2〜3cm
ほどの切れこみを入れ
たら、手でグッとさい
てはぎれを作ろう！
50〜55cmの長さの物
が8本あるとちょうど
いいよ☆

③ リボンをつけよう

ハンガー全体にはぎれ
を巻き終わったら、
フックの下にリボンを
ボンドでつけて。色を
そろえるとキュート♡

② ハンガーに布を巻く

はぎれのはしにボンドを
ぬってハンガーのフックの
先にはりつけたら、どんど
ん巻きつけちゃおう♡　は
ぎれを巻き終えたら、その
上からボンドをつけて次の
はぎれを巻いてね♪

ちょい足しテク！
いろいろな色や布、毛糸でも作れるよ！

使う布は1種類だけじゃなくても、
もちろんOKだよ！　もう着ていな
い服の布を使うのも◎。毛糸を巻き
つけるのもおすすめ♡　自分なりに
かわいくアレンジしちゃおう♪

リングやイヤーアクセ入れに！

おかしなジュエリーボックス

あまい思い出と
いっしょにキラキラを
閉じこめて♡

・難易度 ★★★
・時間の目安 ⏱ 約40分

道具

・工作マット ・チャコペン
・たちばさみ ・定規
・ペン ・カッター ・ボンド

材料

・**おかしの空きカン**
（タテ11×ヨコ16.5
×高さ5cmくらい）
……1コ

・**フェルト**
（60×70cmくらい）
……1枚

・**メラミンスポンジ**
（厚さ3cmくらい）
……適量

・**厚紙**……1枚

1 フェルトを切る

カンのヨコはば×タテ約30㎝の場所に
チャコペンでしるしをつけて、たちばさ
みでフェルトを切ろう！

2 メラミンスポンジを
カッターで切る

タテ2×ヨコ15㎝くらいのサイズにスポ
ンジを切ってね☆ これを5本作ろう！

3 メラミンスポンジに
フェルトをはりつける

①のフェルトを②のスポンジにボンド
ではりつけるよ！ カンの底になる面は、
はりつけないよう注意。写真のようにス
ポンジをはっていってね♪ フェルトが
余ったら切ってもだいじょうぶだよ。こ
れでアクセサリーを守るクッション部分
の完成☆

4 厚紙での土台を作る

厚紙にカンの底より少し小さくペンで線
を引いて、カッターで切ってね！

5 クッションの底に
厚紙をはる

③でできたクッション部分と、④の厚
紙をボンドではろう！ 厚紙をカンの底
にしいてからボンドをぬって、クッショ
ンを入れるとキレイにはれるよ♪ カン
にクッションがおさまったら、おかしカ
ンのアクセボックスのできあがり☆

ちょい足しテク！

クッションをリボンでゴージャスに

厚紙をつける前に、リボンやレースをクッション
に巻いてみよう！ 厚紙にはるときに、ジャマに
ならないようなうすい素材の物がおすすめだよ☆
これだけでおしゃれではなやかな印象に！ 自分
なりにかわいくデコレーションしちゃおう♪

個性を生かして
部屋をかざりましょう

　机に置いてある本や、かざってある物を見ると、それぞれ個性が出るなぁと感じます。

　りんかは日本史の学習マンガ、あんなは世界史の学習マンガ。2人が今、一番お気に入りの本です。

　時計や電気スタンドはりんかが白、あんなが黒。ミニカレンダーはりんかがイヌ、あんながネコ。同じように見えても、それぞれ好きな物にこだわってかざっていますね。

　勉強机に限らず、部屋全体に自分の好きな物を置いてみると、もっとステキな部屋になりますよ。

りんかの机

あんなの机

Part 4

季節に合わせて もようがえ

季節に合わせてインテリアを変えてみよう☆　シーズンならではのアイテムや、春夏秋冬それぞれのイメージに合う色のアイテムをかざれば、おしゃれなフンイキがグッと高まるの♪　季節ごとのイベントをテーマにしたアイテムの作り方もしょうかいするよ！

春 はる

あたたかくてやわらかい春はるならではのムードを、自分じぶんの部屋へやに取とり入いれるアイデアをしょうかいするよ！

かわいい花はなや モチーフを取とり入いれよう

花かびんに春はるの草花くさばなをかざると部屋へやが一気いっきにはなやかになって、気持きもちもパッと明あかるくなるよ。キレイな空あきびんに入いれてもおしゃれ！

旬しゅんのイチゴのクッションが春はるらしくてとってもキュート！まくらやふとんのカバーを季節きせつに合あわせた色いろやがらに変かえるのもかわいいね♡

季節の
アイデアパレット
イメージを ふくらませよう☆

おすすめ カラー4選

春のインテリアには、やさしいパステルカラーや明るいカラーを中心に選ぶのがポイント！ 部屋を衣がえしてあたたかい空気を呼びこんじゃおう☆

パステルイエロー

菜の花やチョウチョを連想させる、ソフトで明るいカラーだよ！ 部屋全体のフンイキを、ポップな印象でグッとひきしめてくれるの。

ライムグリーン

部屋にさわやかさをプラスできるカラー。あたたかい春の草原のようなやわらかいムードで包みこみ、気持ちをリラックスさせてくれるよ！

パステルピンク

かわいくてやさしいカラーだよ。サクラやウメの花でもおなじみだね！ カーテンや机にかざる小物などに取り入れるのがおすすめ☆

ライトパープル

エレガントでキュートなカラー。春にさくラベンダーの色でもあるの。アクセントに取り入れれば、大人っぽくおしゃれなフンイキに♡

春のイベントをテーマに！

《 ひなまつり 》

女の子の成長と幸せをいのるお祝いの日だよ。「ももの節句」に合わせて、ピンクやイエローの花かざりやポンポンをつないでカベにつるすとキュート♡

《 イースター 》

イエス・キリストの復活を祝うキリスト教のお祭り。復活の象ちょうであるたまごをカラフルにぬったり、モチーフにしたグッズをかざったりしてみよう！

ひなまつり

ふわふわ&ゆらゆら♡
もものた
モビール

ぷっくりとしたつぼみをイメージ♡

難易度 ★★☆
時間の目安　約30分

道具

- ・ししゅう針　　・ハサミ
- ・ボンド

材料

- ・フェルトボール（白、ピンク）
  ……好きな大きさで適量
- ・ししゅう糸
  ……45㎝×3本、35㎝×2本、
  25㎝×3本（つるす用）
- ・クラフトバンド
  （ブラウン系、12本はば）……26㎝

・ 作り方 ・

1 フェルトボールに糸を通す

フェルトボールの中心に、針でししゅう糸を通そう。ピンクと白を交ごに通したら、ボールを止めたい位置で玉結びしてね♪　45㎝の糸と35㎝の糸を使って、5本分作ろう！

3 輪に糸を結びつける

①を②で作った輪に固結びで結びつけよう。つるす用のししゅう糸は、輪の3点に等間かくで結んでね♪

2 輪を作る

フェルトボールをつり下げる輪の部分を作ろう！　26㎝のクラフトバンドを輪にしてね☆　先たん1㎝をボンドではりつければOKだよ♪

4 つるす糸をまとめる

つるす用の糸をまとめて、1つ結びすればできあがり☆　つるしたときにかたむかないようにしてね！

エッグハント バスケット

イースター

難易度 ★☆☆
時間の目安 約60分

道具

- 工作マット　・パレット
- きりふき　　・筆
- よごれてもいい紙

材料

- 木のカゴ（円形、直径10〜14cmほど）……1コ
- ペーパークッション（好きな色）……1袋
- 石粉ねん土……1〜2袋
- ビーズ（好きな色と形）……適量
- アクリル絵の具（好きな色）……適量
- ニス……適量

イースターバニーがとってもキュート☆

・作り方・

1 たまごを置く 巣を作る

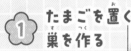

カゴの中に、ペーパークッションを入れよう！ 真ん中がへこむように整えてね☆

2 石粉ねん土で たまごを作る

手のひらにおさまるくらいの大きさのたまごを作ろう♡ ねん土がかわいて形を変えにくくなったら、きりふきで水を吹きかければOK！ 机がよごれないように工作マットの上で作ってね。

3 かざりつける

たまごの形にできたらかざりつけよう♪ ビーズをうめこんだり、ねん土でうさぎの耳をつけ加えたりしてもかわいい♡

4 絵の具と ニスをぬる

ねん土がかわいたら、絵の具で好きな色にペイントしちゃおう☆ 絵の具がかわいたら、上からニスをぬってね！ よごれてもいい紙の上でぬると、後片づけがラクチンだよ♪ ニスがかわいたら、①で作った巣の上にかざってできあがり♡

夏

あざやかな色や、すずしげなフンイキをインテリアに取り入れて、暑さを吹き飛ばしちゃおう！

さわやかなムードの
アイテムをかざってみよう

風りんは、すずしげな音色が心地よい夏の定番アイテム♪
花火のがらは夏らしくてカラフルだから、楽しい印象もあたえてくれるよ！

あざやかなブルーやイエローのタイルが、コルクボードのアクセントになっててステキ！　ポストカードなど好きな物をはってみよう☆

季節のアイデアパレット

イメージをふくらませよう☆

くっきりとしたビビッドカラーを効果的に使うことで、夏のあざやかさや、さわやかさを演出しながら、メリハリのあるおしゃれな空間を作れるよ☆

ブルー

雲のない青空のような明るい印象のカラー。すずしげなフンイキを作ってくれるよ！組み合わせによってはポップなムードも演出できるの☆

マゼンタ

アサガオやアジサイの花の色が思い出されるカラーだよ。軽すぎず重すぎない印象が特徴的。部屋をはなやかにいろどってくれるの！

ターコイズブルー

さわやかであたたかみのあるカラー。キレイな海みたいだね！クッションなど小物に差し色として取り入れると、とってもおしゃれ♡

レモンイエロー

フレッシュで元気なカラー！部屋にちょっと取り入れるだけで、明るいフンイキをあたえてくれるの♪ウキウキ気分になれちゃうよ☆

夏のイベントをテーマに！

《 七夕 》

1年に一度、おり姫とひこ星が会うことができる日と言われているよ。星に願いを届ける七夕かざりをアレンジすれば、かわいいインテリアに大変身!?

《 海の日 》

海のめぐみに感謝して、国が栄えることを願う祝日。海にちなんだイベントが、いろんな場所で開かれるの♪夏の海をイメージして、アイテムを作ろう！

きらきらまいあがる☆ マリンスノードーム

海の日

すずしげな海の中をただよってるみたいだね♡

難易度 ★★☆
時間の目安　約30分

道具

・ペンチ
・わりばし
・瞬間接着ざい

材料

・電球型ライト……1コ
・液体のり（とうめい）……適量
・水（精製水）……適量
・ジェリーボール……好きなだけ
・スパンコールや貝がら……適量

・作り方・

1 電球型ライトの よぶんなパーツを取る

電球型ライトのよぶんなパーツを取って、電球のびんとふただけ残そう☆　固い部分はペンチを使うとカンタンに取り外せるよ！

2 水と液体のりを びんに入れる

びんの中に、液体のりと水を3：7の割合で入れてね。かざりが入るようにびん全体の7割程度の量にしよう。

3 液体を混ぜる

びんに入れた液体のり
と水をわりばしで混ぜ
よう☆　勢いよく混ぜ
るとアワ立ってしまう
から、軽く混ぜるのが
ポイント♪

---

4 びんにかざりを入れる

びんの中に、大きい物
から小さい物の順でか
ざりを入れよう！
ジェリーボールやスパ
ンコールを入れるとキ
ラキラになるよ☆　あ
まり入れすぎると、中
がぎゅうぎゅうになっ
て見ばえが悪くなって
しまうから注意してね。

---

5 ふたを接着しよう

パーツを入れ終わった
らふたをしっかり閉め
よう☆　瞬間接着ざい
で固めておけば、中身
がもれにくくなるよ。

ちょい足しテク
あかぬけた
インテリアに♡

ライトについていたフックをスタン
ドに引っかけるだけで、おしゃれな
オブジェに大変身♪　フックの代わ
りに、太めのひもをふたに巻きつけ
て引っかけても☆

光らせても
キレイ☆

LEDコースターの上に置けば、お
しゃれなライトに早変わり☆　暗闇
で光って、とってもキレイだよ♪
LEDコースターは100円ショップ
でも手に入るので、ぜひ探してみて
ね♡

秋

暑さがやわらいでのんびりとしたムードがただよう秋。おだやかな空気感を自分の部屋にも取り入れよう！

色づく木々や木の実のアイテムを置いてみよう

秋といえばモミジやイチョウがキレイな季節。紙でできた葉っぱのガーランドをかざったら、部屋の中でも秋を楽しめるね♡

コロコロとしたマツボックリをかざりつけたリースは、おしゃれでステキなアイテム♪ ほっこりとしたフンイキにしてくれるね♡

季節のアイデアパレット

イメージをふくらませよう☆

草木のキレイな色づきや落ちついた空気に合うカラーで、秋のまったりとしたムードを部屋でも演出しちゃおう☆

ワインレッド

ゆうがで高級感のあるカラー。深みのある色合いと、シックで大人びたフンイキが、部屋を心地よくしてくれるよ！

マスタードイエロー

パッと目を引くあざやかなカラーだよ！ 黄色に染まったイチョウの葉っぱみたいだね♪ ほっこりとした温かみをあたえてくれるの♪

ダークブルー

上品でかっこいい、しぶめのカラーだよ！ ラグやベッドカバーなど、広い範囲で取り入れると、こなれ感がアップしておしゃれに♡

オリーブグリーン

秋に収穫されるオリーブのような、くすんでいて落ち着いた印象のカラー。ナチュラルで大人っぽい部屋を目指すならぜひ取り入れて☆

秋のイベントをテーマに！

《 十五夜 》

1年で一番キレイな満月「中秋の名月」を見られる日！ 日本では、月でもちをつくウサギが有名だね。月やススキのモチーフを取り入れてみよう☆

《 ハロウィーン 》

元々は悪りょうを追いはらうための祭り。今では仮そうして歩く楽しいイベントで知られているよ！ おばけやかぼちゃのアイテムで部屋をかざりつけよう♪

おばけとカボチャのガーランド ハロウィーン

毛糸のモンスターと楽しいハロウィーン♪

難易度 ★★☆
時間の目安　約60分

道具

- ポンポンメーカー
- はさみ　　　・ボンド

材料

- ポンポン用の毛糸（白、オレンジなど）……それぞれ1玉
- たこ糸……適量
- つるす用の毛糸（20㎝）……適量
- かざる用の毛糸（80㎝）……3本
- フェルト（黒、赤）……適量
- 目玉パーツ……適量

・ポンポンガーランドの作り方・

1 毛糸を巻く

ポンポンメーカーに毛糸を巻いていくよ。はしから毛糸を巻いていき、反対まで行ったら折り返して巻いていこう！両側のアームに約100回巻けたらアームをもどしてね♪

2 毛糸を切る

アームのすき間に合わせてハサミを入れて切ろう☆　毛糸がばらけないよう注意！

③ 固結びをする

全部切れたら、アームのすき間にたこ糸を通してしっかりと結び、つるす用の毛糸を上からつけてね♡

---

④ 形を整える

アームを外し、ポンポンを取り出してね。手で軽く形を整えて、ハサミで少しずつ表面の糸の長さを切りそろえたら、キレイなポンポンに！

⑤ ガーランドにする

かざる用の毛糸3本を絡めて、両はしをまとめて結んでね。そこに、ポンポンのひもを通していこう。好きな順番、好きな位置にポンポンを配置すれば、ポンポンガーランドのできあがり☆

・おばけの作り方・

白いポンポンに、ボンドで目玉パーツをはろう♡ 黒いフェルトで口、赤でベロを作ってね！ 仮装はお好みで☆

・カボチャの作り方・

オレンジのポンポンに、黒いフェルトシールをはって顔を作ってね！ 自分の好きな顔のカボチャのおばけにしちゃおう♪

・2色ポンポンの作り方・

ポンポンメーカーに2つの毛糸を同時に巻きつけよう！ あとは1色のポンポンと同じ手順で、2色のポンポンが完成するよ☆

冬

寒いと室内で過ごす時間も増えるから、
インテリアには特にこだわって☆
冬もおしゃれな部屋にしよう！

季節ならではのアイテムを インテリアにしてみよう

思わずギュッとだきしめたくなる、真っ白な雪だるまのぬいぐるみ。ベッドに置いても、オブジェとしてかざってもかわいいね♡

クリスマスのオーナメントは1つ1つがキレイでおしゃれ♪スタンドにぶらさげてかざれば、ステキなインテリアに早変わりだよ！

季節の
アイデアパレット

イメージを
ふくらませよう☆

クールな冬だからこそ、楽しくて温かいカラーをバランスよく取り入れて、心地よいフンイキを作ろう♪

**パール
グレー**

グレーの中でも軽やかなカラーだよ。雪降る銀世界をイメージできそう♡ どんな色にも合わせやすいから、好きな組み合わせを見つけて♪

グリーン

クリスマスには欠かせない楽しいカラーだね☆ ツリーを部屋に置いたり、リースをドアにかけたりして、めいっぱい楽しんじゃおう！

レッド

赤鼻のトナカイやポインセチアなど、冬と関連深いカラー！がらや小物にしぼって用いれば、カジュアルで温かいフンイキを作れるよ。

**ペール
ブルー**

氷のようにすき通る感じもありながら、あわくやわらかいカラーだよ。部屋に取り入れることで、全体的にスッキリとしたキレイな印象に☆

冬のイベントもテーマに！

≪ クリスマス ≫

サンタクロースでもおなじみのイベント。元はイエス・キリストが生まれたことを祝う日だよ！ ツリーにかざりつけるアイテムを手作りしても楽しいね♪

≪ バレンタインデー ≫

大切な人に愛を伝えるイベントだよ♡ スイートな日にピッタリのハートモチーフを部屋にかざれば、とってもラブリーなフンイキに！

かわいくかざりつけちゃおう☆

ミニツリー オブジェ

クリスマス

毛糸と紙で作る クリスマスツリー☆

難易度 ★☆☆
時間の目安　約10分

道具

・定規　　　　・ホチキス
・ペン　　　　・両面テープ
・ハサミ　　　・ボンド
・ピンセット

材料

・厚紙……1枚
・毛糸（極太、緑）……1〜2玉
・スパンコールやビーズ
　　　　……好きなだけ

・ 作り方 ・

① 厚紙に目印をつけて切る

おうぎ型の中心になる部分から10cmのところに、いくつか印をつけていこう！できた印にそって厚紙をおうぎ型に切り取ってね☆

② 土台を作る

切り取った厚紙を三角形に丸めて、ホチキスでとめよう♪　完成した土台に、両面テープをタテ向きに4ヵ所はってね！

③ 毛糸を巻きつける

土台にぐるぐると毛糸をすき間なく巻きつけてね♡　巻き終わりはボンドではりつければOK☆

④ デコレーションをしよう

星形のスパンコールやビーズなど、好きなパーツをボンドでかざりつければ、ミニツリーのできあがり☆

ハートのリース

バレンタインデー

バッチリのハートでバレンタインも大成功♡

難易度 ★☆☆
時間の目安　約20分

道具

・定規
・ペン
・ハサミ

・ホチキス
・ボンド
・両面テープ

材料

・画用紙（好きな色）……適量
・リボン（好きな色、がら）
　……2本

· 作り方 ·

1 厚紙を切る

厚紙を切って、細長い長方形を作ろう♪　タテ3〜4cm×ヨコ15cmくらいがおすすめ。

2 ハートを作る

❶でできた紙を半分に折って、折り目をつけてね☆次に紙の両はしをくるんと巻いたら、ホチキスでとめて、ハートを作って♡これを11コほど用意。

3 ハートをつなげる

できたハートを丸く並べたら、ハートどうしをボンドでくっつけていこう！　紙皿などの丸い物に合わせながらつなげると、ハートがずれにくいよ☆

4 リボンをつける

ボンドがかわいたら、つなげたハートをリボンでぐるりと囲おう♡　バランスを見ながら、両面テープでハートとリボンをくっつけて囲ったリボンにつるす用のリボンをはったら完成！

カンタンにできる
もようがえテクニック

　季節に合わせたインテリアを置くと、部屋のイメージをカンタンに変えることができて楽しいですよね！わたしの家ではクリスマスシーズンになると、ミニツリーや、リースをかざって楽しんでいますよ。

　「手作りするのは、ハードルが高いかも……」という場合は、市販の物をかざってみるのもいいでしょう。りんか、あんなの部屋には、2人が作ったおもちゃをディスプレイして、インテリアとしてかざっています。ブロックやジグソーパズルなどを部屋にかざってみると、楽しい部屋になりますよ♪

　季節やテーマを決めて、部屋の中にオリジナリティあふれる世界観を作り上げてみてくださいね。

Part 5

風水でラッキールームに

部屋をキレイにすると運気が上がるって知ってた？　インテリアを変えたり、特定のアイテムを置いたりすると、望みどおりに運気を上げることもできちゃうの☆　そんな、「風水」について、しょうかいしていくよ♪

風水について知ろう!

インテリアでハッピーになれるって知ってる? 「風水」の基本を知れば、だれでもラッキーガールになれちゃうんだよ☆

「気」を使って運気アップ

生き物や場所が持つエネルギーのことを風水では「気」と呼ぶの。過ごしやすいステキな部屋にすると良い気が部屋に入ってきて運気がアップするよ♪

> ラッキーがまいこむ
> 部屋にしちゃおう♡

他にもあるよ!

星座別開運アイテム

おひつじ座	おうし座	ふたご座	かに座
木製の家具	クッション	レターケース	ドールハウス

しし座	おとめ座	てんびん座	さそり座
蓄光ステッカー	アロマストーン	ドライフラワー	カギつきボックス

いて座	やぎ座	みずがめ座	うお座
パーテーション	世界地図	フォトフレーム	絵画

整理整とんは風水の基本

ステキな部屋にする前に、まずはそうじをしよう！ キレイな
部屋には良い気が自然と集まってくるんだよ☆

☆ ハッピールーム

☆ あなたの部屋はいくつ当てはまる？

明るい色の
インテリアが多い

ベッド付近に
よけいな物がない

きちんと片づいている

清潔感がある

運気別 ルームレシピ

新しい友だちがほしい、もっとかわいくなりたい、テストで良い点数を取りたい……！　そんな願いをかなえるインテリアを教えるよ☆

色 × 方角 を意識しよう！

高めたい運気があるときは、色と方角の力を借りるのがおすすめだよ☆　組み合わせ方によって上がる運気が違うからチェックして！

友だちと楽しく過ごせる

オレンジ
ピンク × 東南
緑

成績が上がる

赤
白 × 東南
青

恋がかなう

ピンク
オレンジ × 北
ワインレッド

おこづかいが増える

黄色
白 × 西
ピンク

ミリョクを引き出す

ゴールド
緑 × 南
赤

いろんな組み合わせ方があるんだね!!

友だち運アップ

友だちがいっぱいできるように、インテリアを変えちゃおう☆

友だち運アップ 01 〜キズナが深まる〜

まくらは 東南向きに

友だちともっと仲良くなりたいときは、まくらを東南向きにしてみよう！ 東南は、友だちとのコミュニケーションをスムーズにしてくれる方角。人間関係を深めるのにぴったりだね☆

花モチーフの ランプ

悪い縁を切って、良い縁を運んできてくれるアイテム！ 友だちだけじゃなくて、家族とのキズナも深めてくれるんだよ♪これまでよりもっとステキな関係を築けるようになるはず♡

02 〜仲直りできる〜

東南に植物

東南×緑のパワーを借りよう！観葉植物や好きな花（緑色の花がベスト）を自分の部屋の東南側にかざってみてね♪　友だちと仲直りできて、楽しく過ごせるようになるはず☆

笑顔の写真を
かざって

友だちととった写真の中で2人が笑顔で写っている写真を探してみて！　それを写真立てに入れて部屋にかざると、すぐに仲直りできるの♡　東南にかざるのがおすすめだよー♪

～新しい友だちができる～

ウサギのアイテムを南側に

だれとでも仲良くなれる力を高めてくれるアイテムなんだよ♡ 新学期で、初めて同じクラスになる子とのおしゃべりが盛り上がったり、転校生がきたときにすぐ仲良くなれちゃうかも!?

ストライプがらは東南へ

ストライプの物を友だち運がアップする東南に取り入れてね♪ カベをストライプにするのもおすすめ☆ 東南に窓がある部屋なら、ピンクと白のストライプのカーテンにしても良いね!

恋愛運アップ

インテリアで恋愛運をアップしてステキな恋をゲットしよう♡

恋愛運アップ **01**

～ステキな人と出会える～

花がらを取り入れよう

花は出会い運をアップしてくれるんだよ♡　部屋に好きな花をかざるのも良いけど、花がらを取り入れるのもおすすめ！　北に窓があるなら、カーテンをピンクにするだけでも◎。

あたたかみのあるインテリアを

木製の家具やアイテムで、部屋の印象をあたたかくすると良い出会いがあるの！　プラスチックやステンレス製の物には、あさ布や、明るい色の布をかけるだけでもだいじょうぶだよ☆

02 〜好きな人と キョリが縮まる〜

東南側に 香り物を

部屋の東南側に、良い香りのするポプリポットやコロンを置くと、恋愛運がグーンとアップするんだよ♡ 好きな人の写真や好きな人に関する物をいっしょに置くと効果バツグン！

ベッドは とびきり キュートに♡

ハートがらのふとんカバーや、ピンクのシーツでかわいいベッドにしてみて♪ ねている間に恋愛運を吸収できるの♡ たっぷり吸収できたころには、好きな人と急接近できるはず☆

恋愛運アップ 03 ～両思いになれる～

リボンで大チャンスが!?

リボンには、縁を結ぶ力があるんだよ☆ リボンモチーフの物を部屋にかざると、好きな人とおしゃべりできるチャンスがたくさん訪れそう♪ キズナが深まって恋人になれちゃうかも!?

フルーツがらも◎

恋を実らせるパワーがあるフルーツを部屋に取り入れよう♪ フルーツがらのラグや、カベかざり、まくらカバーをフルーツがらにしてみてね♡ フルーツの写真やイラストでもOK！

ミリョク運アップ

今よりもっとかわいくなりたい子はここをチェック☆

ミリョク運アップ **01**

〜ステキな
女の子に〜

キレイな
鏡をキープ

自分を映す鏡は、ミリョク運に大きく影響する物なの！ 常にキレイにして、ピカピカを保てば、どんどんステキな女の子になれるよ♪ タテにふいてから、ヨコにふくと効果的☆

南に同じ物を
2つ

部屋の南側に同じ物を2つ置くと美容運がアップするんだよ♡ 置くアイテムは、ゴールドか緑色にしてね！ 南側に窓があるなら、カーテンをゴールドや緑色のタッセルでとめるのも◎。

ミリョク運アップ 02 ～キレイになれる～

窓をピカピカに!

鏡だけじゃなくて、窓もキレイにみがこう♪ 日差しを部屋の中にたくさん取りこむことで、良い気が広がって運気がアップするの♡ サンキャッチャーをつるすのもおすすめだよー!

東

まくらは東向き

太陽がのぼってくる東は、パワフルなエネルギーを持っている方角なんだよ! まくらを東向きにしてねむると、強いパワーをチャージできて、身体の内側からキレイになれちゃうの☆

03 ～元気があふれる～

ゴミ箱は
フタつきを

悪い気を集めるゴミをそのままにしておいたり、フタがないゴミ箱に捨てていると、パワーがダウン。フタつきのゴミ箱で、白か寒色系だと、悪い気をじょう化してくれるから安心だね♡

自然素材の
家具に

木製のインテリアや、竹でできたアイテムなど、自然素材の物に囲まれた部屋にしてみて！ゆっくりリラックスできる空間を作ることで、元気いっぱいになれるんだよ♪

勉強運アップ

勉強運が上がるインテリアやレイアウトをしょうかいするよ♪

勉強運アップ 01 ～集中できる～

あわい色のカーテン

カーテンの色はアイボリーなどのあわい色にすることで、1つのことに集中できるようになるんだよ☆ 東南に窓がある部屋なら、青のカーテンも◎。勉強に集中できる効果があるの！

机の左側に本だな

机に座ったとき、左側だけに背の高い本だながあると集中力がアップするの！ 左側に本だながあると使いにくいっていう子は、机の上の左側に教科書とかを重ねて置くのも効果的だよ♪

机はドアに向けて

入り口に向かって机を置くことで、勉強しようっていう気持ちがみるみるわいてくるんだよ☆机をカベにつけて置いている子が多いと思うけど、テスト前だけでも机を移動させてみて♡

海や空のポストカード

机を移動させるのがむずかしい子は、海や空のポストカードをかざるのもおすすめだよ♡机の前のカベにはれば、圧ぱく感がなくなるの♪やる気がアップするからやってみてね☆

金運アップ

インテリアで金運アップすれば貯金上手になれちゃうよ☆

金運
アップ

01

〜ムダ使い
しなくなる〜

カーテンは
ベージュに

ベージュや黄色のカーテンは、ムダな買い物を防いでくれる効果があるの！　西側に窓がある部屋の場合は、16時になったらカーテンを閉めることがポイントだよー♡

丸い形の
アイテム

金運をアップさせるパワーを持つ丸い形のアイテムを部屋に置こう♪　ふわふわの丸いクッションとか、丸いテーブル、丸いラグを置いてみると、見た目もかわいくなっておすすめ☆

西にキラキラアイテムを

部屋の西側にサンキャッチャーをつるしたり、スノードームを置いたりしてみてね♡　キラキラした光を取り入れることで、金運が上がるの☆　貯金上手になれるはず！

← 北

たなは北側に

北側にたなを置いて、その中にサイフを入れておこう！　お金は暗いところで増えるんだよ♪袋やフタつきの箱に入れてから、たなにしまうと効果的！　臨時収入も期待できるかも!?

NG風水集

運気がダウンしちゃうインテリアを3つしょうかい♪
当てはまったらすぐにチェンジしてみて!!

鏡にねている
すがたが映る

ベッドの近くに鏡がある子は要注意！
ねているすがたが鏡に映るようなら金
運ダウンのおそれが……。鏡を移動す
るか、布をかぶせることで防げるから
やってみて☆

机が窓に面している

机の前に窓があると、集中力が下がっ
て、落ち着かない部屋になっちゃう
の！　特に、勉強運がダウン。机を移
動させるか、カーテンをなるべく開け
ないことで解決できるよ♡

よごれたぬいぐるみ

部屋に遊んでいないぬいぐるみを置い
ておくのはよくないよ！　遊び過ぎて
ボロボロだったり、よごれていたりす
るのも運気が下がる原因に。こまめに
洗たくして、清潔さをキープして♪

みんなの
なやみ解決！

インテリアのなやみをスッキリ解決して、お気に入りの部屋をゲットする方法を教えるよ！「理想の部屋にするのはむずかしい」と思っている人も、工夫しだいでステキな部屋に変身できるはず♪ 大きい物を動かすときは家族に協力してもらってね☆

部屋がせまくてきゅうくつ！

せまい部屋のコーディネートは、ポピュラーななやみ。
「すぐに物があふれて散らかっちゃう」
「好きな物を置くためのスペースが足りない」……。
そんな問題を解決するためのテクニックを教えるよ！

広く見せる テクニック

できるだけゆかを見せる

ゆかが見える面積が広いと、部屋が開放的になってスッキリするよ。すき間に物をつめこむと圧ぱく感が出るので注意してね☆

低めの家具を選ぼう

自分の目線よりも背が低い家具は、天井の高さを際立たせてくれる効果があるの♡ 視界をジャマしないから、開放感もアップ！

「通路」を作ろう

入り口からおくまでスムーズに歩ける配置にして、部屋に「通路」を作ろう！ 部屋におく行きが出て、広く感じるんだよ♪

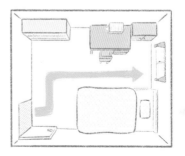

テクニック4 明るい色をベースにしよう

明るい色をベースにコーディネートして、こい色はアクセントに使うのがおすすめだよ☆　暗い色をベースにした場合は、部屋に圧ぱく感が出てせまい印象に。ホワイト系の明るい色は、部屋を広く見せる効果があるよ♡　開放感あふれるステキな部屋にしよう！

テクニック5 カベにそって家具を置こう

ちゅうとはんぱな場所に家具を置くと、部屋がせまく見えるしムダなスペースができてもったいない！　家具をカベにそって配置すれば、中央にスペースが増えて、広々使えるようになるよ。カベ収納を取り入れるのもおすすめだよ♪

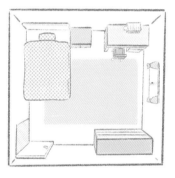

おすすめ インテリア 1

カーテンを変えてみよう

シンプルな無地や、さりげなくがらが入っているカーテンは、部屋をスッキリさせてくれるよ。広く見せたいときはボーダー、天上を高く見せたいときはストライプのカーテンが◎。

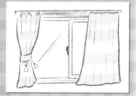

使い方でレイアウトを変えてみよう

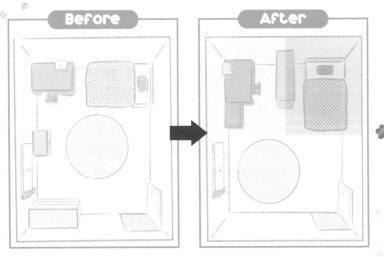

Before → After

机とベッドのキョリが近くて、勉強したくても気が散る……。そんなときは、勉強スペースと休けいスペースをわけちゃおう！　ベッドが視界に入らないように、間に仕切りになるインテリアを置いて部屋の中を区切れば、カンタンに分けられるよ♪

おすすめ インテリア 2

大きめの鏡を置こう

鏡の役割は、身だしなみのチェックだけだと思っていない？ 大きな鏡を置くと部屋の中が映って、おく行き感がアップするの！ 自然光や照明の光を反射するから明るさもプラス☆ スッキリした場所を映すのがポイントだよ♡

テクニックを使ったレイアウト例☆

使い方に合わせて部屋の中を区切ることを、「ゾーニング」っていうんだって！

インテリア 3
ボードやドアハンガーを使おう

カベやドアも有効活用してみてね☆ ドアハンガーや有こうボードを使えば洋服や小物など、いろいろな物をつり下げてかざれて、収納スペースがグッと増えるよ♪

なやみ 2

きょうだいと 部屋がいっしょ！

きょうだいといっしょに部屋を使っていると、
自分1人だけの場所がほしくなることもあるよね。

そんなときのためのアイデアをしょうかい！
上手にレイアウトして部屋を区切ってみよう☆

レイアウトを変えてみよう

アイデア 1 たなを仕切りに

机と机の間や、ベッドとベッドの間にたな
を置けば、相手が見えなくなって集中やり
ラックスしやすくなるね♪　たなに自分の
物も置けるので便利さもバッチリ☆

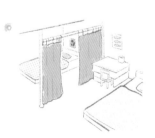

アイデア 2 カーテンをつけよう

それぞれのスペースの間にカーテンを設置
して仕切りにするのもおすすめの方法。
つっぱり棒をゆかから天井に立てれば、レー
ルなしでカーテンを取りつけられるよ。

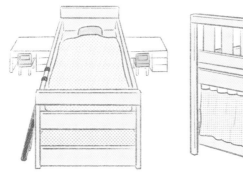

　2段ベッドを使うアイデアだよ♪　ベッドを部屋の真ん中に置いて仕切りにすれば、キレイに部屋を区切ることができるね☆　下のベッドなら、カーテンをまわりに取りつけて、1人の空間を作るのもおすすめだよ！

1つの部屋でも、ちょっとした工夫で、上手にスペースを分けられるんだね！

共同で使えるスペースと、それぞれが使うスペースで、3つに区切ってもいいかも♡

和室をアレンジしたい！

和室の良さを活用しよう

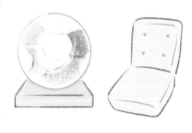

和室の部屋だと、「もようがえがむずかしい」と思いがち。だけど、和室にピッタリなアレンジ方法があるよ！　和室に合う落ち着いた色を使ったり、あえて洋風のアイテムを置いたりして、おしゃれに変身させちゃおう♪　P117の例も参考にしながら、アレンジしてみてね☆

アレンジポイント

ふすまや障子、ゆかをアレンジ！

ふすまや障子に色紙やウォールステッカーをはればおしゃれであざやかな印象に。ゆかにウッドカーペットをしけば、それだけでも洋室風に様変わり！部屋のコーデに合わせて、ひと手間加えてみよう。

※シールなどは、一度はると取れないこともあるから、家の人と相談してね！

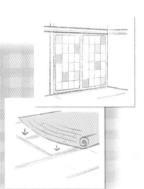

いろんなテイストにアレンジ！

和モダンでシックに

和風の部屋に現代風の要素を組み合わせてできる「和モダン」ルーム。シックな色やシンプルなアイテムでそろえれば、部屋の印象が落ち着いてスタイリッシュな部屋になるよ♡

北おう風がおしゃれ！

ぬくもりを感じられる北おう風インテリアは、和室にも合うの。ベースは白木の家具などナチュラルな物を。アクセントに明るいカラーを使えば、おしゃれないやし空間に♪

和室にベッドを置くなら、カーペットやマットを下にしくと、たたみにキズがつきにくくなるね！

和室に合わせやすい色は？

和室には、白やベージュといったナチュラルなカラーや、パープルやモスグリーンなどの落ち着いた色味が合うの！アクセントとしてあざやかな色を取り入れると、あかぬけた印象になるよ☆

なやみ 4

部屋の日当たりが悪い！

窓の外に建物や木があって、太陽の光が入らないという部屋もあるよね。部屋全体が暗いと、なんだかフンイキもどんより……。照明をつけてもやっぱり明るさが足りない！　というときに注目したいポイントを教えるよ☆

ポイント 1 照明を変えたり増やしたりしてみる

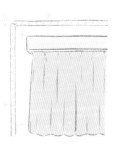

部屋の広さによって、必要な光の量は違うよ。まずは照明が部屋に合っているか確かめて！照明を変えるのもいいし、増やしても◎。テープライトはカベや天井、机のウラにはるだけで、場所を取らないからおすすめ☆

ポイント 2 窓をふさがないレイアウトに変える

大きなたなや仕切りが窓をふさいでしまっているなら、部屋のレイアウトを調整しよう！窓のまわりにはできるだけ物を置かないようにすることが大切だよ♡

他にも
♥ カーテンをうすいものに変える
♥ 白いインテリアを置く
♥ 鏡を置く　……etc.

> なやみ1（P110）の
> 「広く見せるテクニック」も
> 応用できるよ！

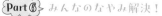

なやみ 5

自分の部屋がない！

「勉強に集中できない！」「いつも誰かの目があって落ちつかない！」という個室がない場合のなやみ。レイアウトを動かせば解消できるよ。なやみ2（P114）も参考に、家族と相談しながら実行してみてね！

家族の共用スペースに自分の空間を作るには？

自分のスペースと共用スペースを動かしやすい家具で仕切るのが効果的。ポイントは、自分の位置から家族の姿がよく見えないようにすること。リビングで勉強するときは、テーブルに簡易的な仕切りを置くと、集中するための空間ができるからおすすめだよ☆

仕切りに使えるインテリア

- ♥ カラーボックス
- ♥ ワイヤーネットのパーテーション
- ♥ 観葉植物

好みが変わったら
どうすればいい？

　好きな物を部屋にかざったはずなのに、時間がたってみると何だかしっくりこない、あんまりときめかなくなった、ということがあるかもしれませんね。

　日々、経験を積み重ね、多くの知識を得ていく中で好みが変わるというのは、当たり前のことだと思いますよ。友だちにえいきょうを受けて、同じ物を好きになることもあるでしょう。

　もしも好みが変わったら、カンタンに部屋を変える方法があります。カベにウォールステッカーをはってみたり、家具に好きな布をかけたりするだけで、物を買いかえなくてもフンイキが変わりますよ。ぜひ試してみてください。

おわりに

自分好みのインテリアにすれば
ずっと心地よく過ごせる！

　最後まで読んでくれて、ありがとうございました。あなたにとって「心地よい」おしゃれルームはできましたか？

　りんかとあんなは、机の上にお気に入りの本やフィギュアを置いているのですが、わたしがそれを勝手に動かそうとすると、2人に「やめてー！」と止められます。それくらいかざる物にはこだわりがあるようです。

　机に物をたくさん置くと、勉強に集中できなくなってしまいそうですが、特に好きな物だけを選んでかざれば、目に入ったときに楽しい気持ちになれますよね。勉強もやる気が出るようですよ！

　部屋を自分好みにまとめることで、2人にとっては、遊ぶ場所も勉強をする場所も、同じように「心地よい」場所になっているようです。

　あなたにとって「心地よい」部屋が完成することを、心から願っています。

監修 matsuko

1984年生まれ。福岡県出身。メガネや洋服のプロデュースなど
はば広い分野で活動。
Instagram https://www.instagram.com/matsuko0621/
LINEブログ https://lineblog.me/rinkanna/

カバーイラスト……	まちなみなもこ
カバーデザイン……	菅野涼子（説話社デザイン室）
まんが………………	菊地やえ
撮影…………………	片岡 祥
作品制作……………	moena
本文イラスト………	まちなみなもこ、Guu、さかもときなこ、ナカムラアヤナ、
	nikki、タカヒロコ
本文デザイン………	株式会社ma-hgra、菅野涼子（説話社デザイン室）
DTP…………………	竹内真太郎（株式会社スパロウ）
編集…………………	千木良 まりえ、大倉瑠夏、
	池田潮音、鈴木菜都（以上、説話社）

スッキリ＆ハッピー！整理整とん

おしゃれルーム
みんなにお部屋を紹介しちゃおう！

2023年3月25日　初版発行

監　修	matsuko
発行者	岡本光晴
発行所	株式会社あかね書房
	〒101-0065　東京都千代田区西神田3-2-1
電　話	営業(03)3263-0641
	編集(03)3263-0644
印　刷	中央精版印刷株式会社
製　本	株式会社難波製本

©Setsuwasha 2023 Printed in Japan
ISBN978-4-251-09432-2
乱丁・落丁本はお取りかえします。
https://www.akaneshobo.co.jp

NDC597
matsuko
スッキリ＆ハッピー！
整理整とん
おしゃれルーム
あかね書房　2023年
127p　20cm×14cm